AF268362

DE LA
CONSTITUTION
SOCIALE

AUJOURD'HUI CONVENABLE

AU PEUPLE FRANÇAIS.

Par H. AZAÏS.

PRIX : 50 CENTIMES.

A PARIS,

Chez L'AUTEUR, RUE DU GUAY-TROUIN, Nº 3,
ENTRE LE Nº 8 ET LE Nº 10 DE LA RUE DE L'OUEST ;

Chez PAGNÈRE, LIBRAIRE,
RUE DES GRANDS-AUGUSTINS, Nº 21 ;

ET CHEZ LES LIBRAIRES DU PALAIS-ROYAL.

JUILLET 1831.

IMPRIMERIE DE LACHEVARDIERE,
RUE DU COLOMBIER, N° 30.

PREFACE.

Une crise approche ; l'air que nous respirons est encombré de nuages orageux.

Dans les sociétés humaines, comme dans l'atmosphère, toute crise orageuse est susceptible de deux terminaisons : ou bien, la matière fulminante est paisiblement soutirée par des corps conducteurs ; ou bien, accumulée à l'excès, la foudre éclate, tombe, ravage.

L'unité qui règne dans toutes les parties de la nature, donne de l'autorité à cette image. Je l'ai suivie en cherchant les préservatifs des convulsions qui nous menacent. C'est dans la constitution sociale aujourd'hui convenable au peuple français, qu'ils doivent tous se trouver.

J'expose cette constitution. Récemment, dans mon jardin, je l'ai présentée à mes auditeurs. Ils l'ont approuvée. Quelques uns seulement, quelques jeunes gens surtout, se sont montrés moins satisfaits des développemens que j'ai donnés aux principes qui la fondent : je ne faisais cependant qu'en suivre les conséquences. Mais les jeunes gens, d'ordinaire, sont trop passionnés pour qu'il leur soit toujours facile de rester en paix avec les idées conciliantes, avec les hommes modérés. Et si, aujourd'hui, tous les hommes d'une âme ardente écoutaient, sans irritation, le langage de la sagesse, où seraient nos dangers ?

Je résume, en présence du public, ce que j'ai développé en présence de mes auditeurs ; j'adresse surtout ce résumé aux hommes qui peuvent avoir de l'influence sur nos destinées ; en ce moment de fermentation, où tout s'agite, s'élabore, se fond, se renouvelle, ils doivent quelque attention aux paroles d'un vieillard qui a beaucoup étudié, beaucoup éprouvé, beaucoup réfléchi, qui peut-être, dans la retraite où il passe sa vie, ignore certaines circonstances passagères, très dignes d'égards, mais dont les idées générales méritent confiance, car elles découlent du Système universel, source exclusive de tous les genres de vérités.

DE LA

CONSTITUTION SOCIALE

AUJOURD'HUI CONVENABLE

AU PEUPLE FRANÇAIS.

La constitution d'une société humaine n'a jamais pour objet que de régler tous les mouvemens, soit d'intérêt, soit d'opinion, qui s'exécutent dans le sein de cette société.

Pour être salutaire et durable, cette constitution doit laisser à tous les mouvemens humains la liberté de s'exercer, et cependant les tenir en harmonie.

Comment y parviendra-t-elle? En se formant sur le modèle de la constitution imposée à la société universelle des êtres, en prenant pour type invariable la constitution de l'univers.

Dans l'univers, tout agit, tout se meut, tout est libre; mais tout se balance. Chaque être, essentiellement doué d'une force expansive, travaille sans cesse à s'étendre, à se développer, à augmenter, en tout sens, la sphère de son existence; mais il est retenu dans cette sphère par l'action également expansive de tous les êtres dont il est environné.

Qu'il en soit ainsi dans une société humaine: que chaque citoyen se développe librement au gré de son expansion individuelle; mais que, sans être opprimée, son expansion individuelle soit modérée, balancée, par la résistance expansive de ses concitoyens. A cette condition, il n'y aura, nulle part, au sein de la société, ni trop de divergence individuelle, ni trop de convergence répressive ; c'est-à-dire, ni trop de liberté, ni trop de résistance, mais une ondulation paisible entre l'expansion de tous et l'expansion de chacun, entre l'ordre et la liberté.

Disons maintenant que ce balancement harmonique n'est pas toujours facile à établir. Les sociétés humaines n'en sont aisément susceptibles que lorsqu'elles sont parvenues à l'âge de maturité. Alors seulement, ainsi que dans le corps de l'individu parvenu à l'âge mûr, toutes les forces organiques étant développées, toutes sont égales, non en importance, mais en besoin de s'exercer. Aussi le physiologiste politique reconnaît que l'âge mûr d'un peuple est arrivé, lorsque tous les citoyens se proclament égaux en droits politiques.

Depuis le mois de juillet 1789, et, plus manifestement encore, depuis le mois de juillet 1830, tel est l'état du peuple français.

Le moment est donc venu de lui donner, dans toute son intégrité, la constitution expansive balancée par elle-même, la constitution formée sur le type de la constitution universelle.

En premier lieu : que tout soit libre et agisse ; par conséquent : *Représentation intégrale*, ou *suffrage universel* : première condition, qu'il faut inévitablement remplir ; non, sans doute, en la livrant sans frein au tumulte populaire, mais en l'organisant sur le plan de gradation que la nature suit toujours dans l'institution des fonctions générales. Au sein de notre être, par exemple, les fonctions majeures, telles que la nutrition, la formation et la circulation du sang, mettent en exercice tous les genres d'organes, mais avec ordre, gradation, préparation ; plusieurs degrés successifs amènent paisiblement le dernier résultat. Qu'il en soit de même de la faculté électorale, véritable hématose du corps politique ; que l'élection des *candidats* au titre de *député*, précède et prépare l'élection des députés ; mais que tout citoyen domicilié exerce la fonction première et générale; restreindre cette fonction d'*électeur* à un ordre particulier de citoyens, c'est blesser imprudemment le sentiment général de l'égalité politique ; c'est violer un droit acquis; c'est choquer un fait accompli.

Seconde condition : balancement paisible entre l'expansion progressive et l'expansion modératrice.

Mais, chez un peuple qui a proclamé l'égalité politique, sur quelle base fonder une distribution des citoyens en promoteurs de l'expansion progressive et promoteurs de l'expansion modératrice ? Tous les Français ne sont-ils pas en mouvement de progrès ?

Oui, par leur intelligence, mais non également par leurs intérêts.

A l'époque actuelle, comme à toutes les époques, les hommes naissent inégaux sous le rapport du tempérament, de l'activité, de l'industrie. De cette inégalité naturelle découlent, et découleront toujours, des inégalités de situation qui amèneront toujours de l'inégalité dans les dispositions politiques. L'intérêt personnel réunissant ensuite toutes les nuances contiguës, l'ensemble de toute société, à une époque quelconque, sera toujours partagé en deux classes d'individus, l'une composée de ceux qui, ayant beaucoup à désirer, invoquent le progrès avec ardeur ; l'autre, composée des hommes qui, placés dans une situation prospère, parvenus à un âge avancé, et pères de famille, sont naturellement portés à se contenter de l'ordre établi, à désirer qu'il se maintienne, à résister au changement, à redouter le bruit, le tumulte.

Que cette classe, distinguée et pacifique, reste accessible à tous les citoyens, s'étende, se modifie, se transforme sans cesse, c'est ce qui est exigé par le besoin général d'expansion, et par le sentiment général d'égalité ; mais que, dans tout moment donné, cette classe existe, revêtue à son sommet d'une action politique indépen-

dante, formant à ce sommet un faisceau de résistance effi-
cace aux mouvemens impétueux de l'expansion populaire,
c'est ce qui est exigé par l'équilibre ; c'est, par conséquent, ce qui aujourd'hui doit être institué en remplace-
ment de la pairie héréditaire. Désormais, tout corps héréditaire est devenu hétérogène dans la famille française,
parce qu'il déroge à l'égalité politique, et que désormais
l'égalité politique sera, pour le peuple français, la seule
forme de l'équilibre.

Telle est donc l'organisation sociale que la France, aujourd'hui, doit recevoir :

Pour principe, pour âme, pour ressort, l'expansion
générale, par conséquent la liberté.

Pour mécanisme, le balancement réciproque entre l'expansion progressive d'un corps nommé par tous les citoyens, et l'expansion modératrice d'un corps formé des
citoyens plus spécialement intéressés par leur fortune,
leur âge et leur famille, à la stabilité des formes sociales.

Que ce corps politique, que ce *Sénat conservateur*
(titre vrai qu'il faut rétablir), que ce sénat conservateur
soit ouvert, de droit, sans investiture, sans élection, sans
privilége personnel d'un genre quelconque, à tout homme
d'un âge grave, de cinquante ans par exemple, père de
famille, et possesseur d'une grande fortune territoriale,
signalée par une cote d'imposition très élevée. Que de
plus, sur la présentation de l'estime publique, le chef de
l'État décore du titre et des fonctions de sénateur, tout
homme qui, dans une carrière importante, s'est rendu
remarquable par une grande capacité, un grand zèle, une
parfaite intégrité.

A ces conditions, le repos social sera garanti par une
aristocratie mobile, nullement féodale, formée de tout ce
qui impose respect, confiance, et cependant très compa-
tible avec l'égalité. A la mort de chaque sénateur, son
fils lui succédera, s'il est possesseur de la fortune exigée,

s'il est âgé de cinquante ans, s'il est père de famille, ou bien si, au jugement du Monarque, ratifié par l'opinion publique, il a acquis une grande illustration personnelle, dans la magistrature, ou dans l'administration publique, ou dans l'armée, ou dans l'enseignement public, ou dans les sciences, ou dans les arts. Ses droits ne seront jamais que ceux de tout autre citoyen.

Comme tout marche par transition dans la nature, on doit désirer que la chambre des Pairs actuelle fournisse le premier noyau du Sénat. Ce serait une œuvre de justice. Au mois de décembre 1830, la chambre des Pairs a prévenu un grand crime et une longue suite de grands malheurs : elle a refusé aux fureurs populaires la mort des ministres de Charles X. Cet acte de courage sera honoré par l'histoire, et mérite, dès ce moment, une profonde reconnaissance.

Mais la reconnaissance d'un peuple, chez lequel l'égalité politique est devenue un sentiment général, ne peut s'étendre jusques à violer ce sentiment, en instituant un immense privilége; ce serait se préparer une anxiété fatale; ce serait rompre les liens conducteurs qui, chez tout peuple civilisé, travaillent à s'établir, et qui, mettant en relations soutenues toutes les régions de l'atmosphère politique, peuvent, seuls, prévenir les accumulations d'où naissent les orages.

Mais l'hérédité du trône ! n'est-elle pas aussi un privilége ? Pour résoudre cette question délicate, il faut poser les principes avec clarté; et les principes, il faut les puiser à leur source : l'ordre imposé à l'univers.

Voici ce qu'il y a de plus caractéristique dans cet ordre universel.

Tout être vivant est constitué *monarchiquement;* c'est-à-dire que, semblable à un vaisseau, il a deux côtés, un axe de balancement, un gouvernail et un pilote.

Le physiologiste découvre cette constitution monarchique, ou *harmonique*, dans tout animal composé, dans toute plante composée, surtout dans le corps de l'homme. Elle existe encore, mais avec confusion et incertitude, dans les êtres vivans très abaissés en organisation.

Les peuples civilisés étant les êtres vivans de l'existence la plus composée, sont ceux à qui la constitution monarchique est le plus nécessaire.

Une constitution *républicaine* ne peut jamais être qu'un essai de balancement, qui cherche son axe, son pivot, son organe régulateur, son Monarque. Les peuples naissans, ainsi que les êtres d'une organisation ébauchée, se prêtent à la recevoir. Les peuples civilisés n'en sont plus susceptibles.

Dès le 30 juillet, le peuple français, peuple très avancé en civilisation, subitement dépourvu d'axe monarchique, a senti le besoin d'en créer un sur-le-champ. Il a constitué en peu de jours un *nouveau régulateur* du balancement social.

L'axe de balancement social, chez un peuple très civilisé, a besoin, pour être rendu fixe, invariable, de porter à chacune de ses branches une sorte de bassin dans lequel soient déposés les intérêts des citoyens qui appartiennent plus particulièrement à ce côté de la société.

Si la pondération respective de ces deux bassins était constamment exacte, c'est-à-dire si, dans tous les momens, ils se faisaient parfaitement équilibre, l'ensemble de la société serait immobile, comme une balance dans la même disposition; la vie sociale ne s'exercerait pas; tout régulateur serait inutile.

D'un autre côté, si les deux bassins n'étaient pas égaux en puissance, le balancement n'aurait pas lieu; le plus fort soumettrait le plus faible; la vie s'éteindrait.

Pour qu'il y ait à la fois mouvement et équilibre dans le corps social, il faut donc que les deux bassins, égaux de puissance, se dominent l'un l'autre alternativement, ou oscillent alternativement des deux côtés de l'axe. C'est ainsi que les deux côtés de l'homme, qui marche en ligne droite, oscillent alternativement des deux côtés de son axe de gravité.

La fonction du régulateur est de tenir le mieux possible l'oscillation générale dans les limites d'une ondulation passible. S'il laisse un des bassins s'élever trop fortement, l'autre bassin s'élève à son tour avec la même force; l'oscillation devient violente, convulsive; il y a *orage, fièvre* politique; il y a menace de révolution.

Un Monarque très fort, très vigilant, pourrait encore maintenir le balancement des forces sociales, lors même qu'elles ne seraient nulle part rassemblées, déposées, *représentées,* mais seulement tracées, des deux côtés du pivot, en deux lignes homogènes. Tel était le gouvernement de Napoléon.

Et tel serait en France, aujourd'hui, le gouvernement qui naîtrait brusquement de tout essai de république. Ce gouvernement dictatorial terminerait l'anarchie; mais il ne se maintiendrait pas. Le régulateur lui-même, pour peu qu'il eût de prévoyance et de patriotisme, constituerait deux bassins, deux *chambres,* en balancement réciproque; ou bien, il serait promptement ébranlé, ranversé, par la trop grande facilité de ses propres mouvemens. Un simple levier n'est pas une balance.

Il est maintenant facile de définir la royauté dans un gouvernement constitutionnel. Le Roi est-il le maître du vaisseau? Non, mais il en est le pilote. Sans autorité sur les passagers, mais chef de l'équipage, et placé sur la *ligne de milieu,* sur l'axe de gravité, des deux côtés duquel doivent osciller paisiblement toutes les parties du navire, sa fonction est de veiller à ce que le balancement des forces ne soit troublé, ni par les vents, ni par les écueils, ni par les caprices des matelots. Il a besoin, par conséquent, d'adresse, de vigilance, de fermeté; ce qui exige en lui, et les qualités du caractère, et les lumières de l'expérience, et une parfaite indépendance d'action et d'opinion sur tout ce qui se rapporte à la manœuvre.

Ainsi la position du chef de l'État doit être telle qu'il ne relève de personne; au-dessus de lui ne doivent être que les lois que d'avance il a connues et acceptées; en un mot, il doit être *Monarque*. S'il ne l'était pas par la constitution de l'État, il travaillerait à le devenir; l'intérêt même de l'État lui en ferait un devoir, et le vœu des hommes sages lui en fournirait les moyens.

D'un autre côté, comme sa condition est toute tramée de sollicitudes, toute chargée de devoirs, de chaînes, de responsabilité, il lui faut la seule satisfaction que puisse désirer encore l'homme d'un beau caractère à qui sont déjà accordées toutes les jouissances du pouvoir et de la fortune; il faut que, plein d'intérêt pour l'ouvrage de sa vie, pour la paix sociale, il puisse se promettre qu'à sa mort elle sera maintenue, qu'elle ne sera pas même un instant suspendue; il faut que, meilleur juge que personne des qualités nécessaires au pilote du vaisseau, il puisse en remettre la direction à des mains habiles, éprouvées; et son fils, élevé de bonne heure par lui-même pour une si importante destinée, se présentera naturellement pour la remplir.

Mais comme les vœux et les soins paternels peuvent être trompés par la nature; comme dans les temps qui arrivent, dans les temps déjà signalés par une catastrophe récente, tout peuple très éclairé qui ne voit à sa tête qu'un esprit faible, incapable, s'indigne, s'agite, se révolte, il faut, en principe, que le Monarque soit libre de sacrifier ses affections de père à ses sentimens de roi; il faut non seulement qu'il puisse choisir son successeur parmi ses enfans, sans être lié par l'institution de primogéniture, il faut encore, si aucun de ses enfans ne répond, par son caractère, par ses talens, aux besoins de la grande famille, que son choix puisse tomber sur un jeune homme, sur un homme, auquel il n'aura pas donné le jour, mais qui, plein de vertus et de capacité, aura été désigné à son adoption par l'estime et l'affection publiques.

A cette condition, les bienfaits de l'hérédité du trône seront maintenus, sans que l'on soit exposé à ses caprices. Et que, d'un autre côté, on ne redoute pas des mutations fréquentes; rien ne sera plus rare que ce devoir patriotique imposé au monarque de transporter sa couronne dans une autre famille. Les temps sont changés : entrons dans l'avenir; désormais l'opinion publique, libre de tous ménagemens, de toute entrave, commandera spécialement aux chefs des États, tiendra sans cesse leurs actes politiques sous une inquiète surveillance. Une des causes principales de la chute de Charles X a été l'éducation absurde qu'il faisait donner au duc de Bordeaux. Une telle anomalie ne sera plus essayée; à un très petit nombre d'exceptions près, dans le cours des siècles, les enfans des rois seront des hommes sages et éclairés; l'hérédité du trône, en cessant d'être un droit, deviendra une habitude, mais il suffira qu'elle ne soit plus constitutionnellement fixée pour que les héritiers, non *présomptifs*, mais *présumés*, de la couronne se trouvent dans l'heureuse obligation de beaucoup acquérir, de beaucoup mériter, de beaucoup valoir; ce qui sera l'opposé de la funeste quiétude dans laquelle les endormait la succession à titre *légitime*.

Telle est, en principe, et dans ses distributions fondamentales, la constitution qui seule, chez un peuple très éclairé, peut réaliser la Monarchie représentative, et satisfaire les besoins qui le pressent : le besoin de dignité sociale, de liberté paisible, d'ordre permanent, et d'égalité politique.

Pour que celle-ci existe, pour qu'elle soit constituée, il faut que chaque citoyen puisse, en raison de ses forces personnelles, atteindre à toutes les fonctions politiques, mais avec une difficulté proportionnelle à l'élévation de la fonction qu'il ambitionne.

La fonction d'*électeur* est fondamentale dans la hiérarchie politique ; elle a son siége à la surface du sol ; elle appartient de droit à tout citoyen domicilié, inscrit sur les registres de la cité. Au-dessus s'élèvent graduellement la fonction de *candidat*, la fonction de *député*, la fonction de *sénateur*, la fonction de *Monarque*. Ainsi sont tracées deux progressions en sens inverse, l'une qui décroît en nombre, l'autre qui croît en importance. Du terme fondamental, occupé par tous les citoyens, on arrive au terme suprême occupé par un seul.

Et là (insistons sur cette idée fondamentale), là, sur le trône, n'est point fixée la souveraineté politique. Elle ne réside pas non plus dans le peuple. Où a-t-elle son siége ? Uniquement dans la loi qui commande à la nature entière, dans la LOI DU BALANCEMENT.

Toutes les fois que, le balancement des forces sociales étant troublé, un peuple, ou un homme, agit pour le rétablir, ce peuple, ou cet homme, fait un acte de souveraineté.

Ainsi, le 13 vendémiaire, en France, le balancement des forces sociales n'existait plus ; les sections de Paris exprimaient la volonté populaire, avec calme sans doute, mais sans résistance, ou du moins sans un contrôle suffisant ; il n'y avait dans l'État qu'une Force, la force d'expansion populaire, prête à s'épuiser par la liberté même de son exercice. Napoléon refoule cette force ; il fait, contre la majorité du peuple, un acte de souveraineté nécessaire.

Au contraire, le 25 juillet 1830, une force de répression outrée travaille brusquement à s'établir : si elle y parvient, plus de balancement, l'expansion populaire la refoule, la brise ; elle exerce en ce moment l'autorité de la Loi.

Mais la Loi souveraine n'agit ainsi que dans les cas

extrêmes. Il importe fortement aux peuples de les prévenir : ils n'y parviennent qu'en se constituant sous forme
de Monarchie représentative ; forme qui, chez les peuples
avancés en civilisation, chez les peuples en âge de maturité, ne peut avoir, en principe, qu'un mode vrai, précis ;
c'est celui qui, semblable à l'organisation du corps hu-
main, lie entre elles toutes les parties du corps social, les
admet toutes à l'exercice de la vie, mais les distribue de
manière à les tenir sans cesse en balancement réciproque.

L'Univers n'a pas d'autre Système.

OUVRAGES DE M. AZAÏS.

ON TROUVE A SA DEMEURE,

RUE DUGUAY-TROUIN, N° 3, ENTRE LE N° 8 ET LE N° 10
DE LA RUE DE L'OUEST.

EXPLICATION UNIVERSELLE. 3 vol. in-8°, prix : 15 fr.   » c.

DES COMPENSATIONS DANS LES DESTINÉES HUMAINES.
4ᵐᵉ édit. 3 vol. in-8°.   18   »

DU SORT DE L'HOMME DANS TOUTES LES CONDITIONS.
3 vol. in-12.   8   »

JUGEMENT IMPARTIAL SUR NAPOLEON. 1 vol. in-8°.   5   »

PRINCIPES DE MORALE ET DE POLITIQUE. 1 vol. in-8°.   1   50

APPLICATION DE LA LOI LES COMPENSATIONS A LA
REVOLUTION DE 1789, A LA RESTAURATION
DE 1814 ET A LA RÉVOLUTION DE 1830. 1 vol.
in-8°.   1   »

INSPIRATIONS RELIGIEUSES. 1 vol. in-18.   2   »

LE NOUVEL AMI DES ENFANS, par M. et Mᵐᵉ Azaïs.
12 vol. in-18.   20   »